LÍNGUA PORTUGUESA

CADERNO DE ATIVIDADES

3

William CEREJA
Professor graduado em Português e Linguística e licenciado em Português pela Universidade de São Paulo (USP)
Mestre em Teoria Literária pela Universidade de São Paulo (USP)
Doutor em Linguística Aplicada e Análise do Discurso pela Pontifícia Universidade Católica de São Paulo (PUC-SP)
Professor da rede particular de ensino em São Paulo, capital

Carolina Dias VIANNA
Professora graduada e licenciada em Português pela Universidade Estadual de Campinas (Unicamp-SP)
Mestra em Linguística Aplicada pela Universidade Estadual de Campinas (Unicamp-SP)
Doutora em Linguística Aplicada pela Universidade Estadual de Campinas (Unicamp-SP)
Professora das redes pública e particular de ensino em São Paulo e Minas Gerais

Paula BARACAT De Grande
Graduada e licenciada em Letras pela Universidade Estadual de Campinas (Unicamp-SP)
Mestra em Linguística Aplicada pela Universidade Estadual de Campinas (Unicamp-SP)
Doutora em Linguística Aplicada pela Universidade Estadual de Campinas (Unicamp-SP)
Professora no ensino básico e no ensino superior em São Paulo e no Paraná

Atual Editora

Editora Saraiva

Presidência: Mario Ghio Júnior
Vice-presidência de educação digital: Camila Montero Vaz Cardoso
Direção editorial: Lidiane Vivaldini Olo
Gerência de conteúdo e design educacional – Soluções completas: Viviane Carpegiani
Edição: Fernanda Vilany, Mônica Rodrigues de Lima e Paula Junqueira
Preparação de texto: Noé Gonçalves Ribeiro
Planejamento e controle de produção: Flávio Matuguma (ger.), Juliana Batista (coord.), Vivian Mendes (analista) e Suelen Ramos (analista)
Revisão: Letícia Pieroni (coord.), Aline Cristina Vieira, Anna Clara Razvickas, Brenda T. M. Morais, Carla Bertinato, Daniela Lima, Danielle Modesto, Diego Carbone, Kátia S. Lopes Godoi, Lilian M. Kumai, Malvina Tomáz, Marília H. Lima, Paula Rubia Baltazar, Paula Teixeira, Raquel A. Taveira, Ricardo Miyake, Shirley Figueiredo Ayres, Tayra Alfonso e Thaise Rodrigues
Arte: Fernanda Costa da Silva (ger.), Catherine Saori Ishihara (coord.), Meyre Diniz e Veronica Yuri Onuki (edição de arte)
Diagramação: Arte4
Iconografia e tratamento de imagem: Roberta Bento (ger.), Claudia Bertolazzi (coord.), Cristina Akisino (pesquisa iconográfica) e Fernanda Crevin (tratamento de imagens)
Licenciamento de conteúdos de terceiros: Roberta Bento (ger.), Jenis Oh (coord.), Liliane Rodrigues e Raísa Maris Reina (analistas de licenciamento), Cristina Akisino
Ilustrações: Biry Sarkis, Clarissa França, Felipe Câmelo, Ilustra Cartoon, Jean Galvão, Jefferson Galdino, Jorge Zaiba e Giz de Cera
Design: Erik Taketa (coord.) e Talita Guedes da Silva (proj. gráfico e capa)

Avenida Paulista, 901, 6º andar – Bela Vista
São Paulo – SP – CEP 01310-200
http://www.somoseducacao.com.br

Dados Internacionais de Catalogação na Publicação (CIP)

Cereja, William Roberto
Língua portuguesa : caderno de atividades 3 / William Roberto Cereja, Carolina Dias Vianna, Paula Baracat De Grande. – 1. ed. – São Paulo : Atual, 2021.

ISBN 978-85-5769-245-9 (aluno)
ISBN 978-85-5769-250-3 (professor)

1. Língua portuguesa (Ensino fundamental) I. Título II. Vianna, Carolina Dias III. De Grande, Paula Baracat

21-1313 CDD 372.6

Angélica Ilacqua – Bibliotecária – CRB-8/7057

2021
1ª edição
1ª impressão
De acordo com a BNCC.

Impressão e acabamento: Bercrom Gráfica e Editora

Uma publicação SOMOS EDUCAÇÃO

APRESENTAÇÃO

PREZADO ESTUDANTE:

Neste Caderno de Atividades, você vai encontrar um conjunto de atividades relacionadas à língua portuguesa. São exercícios, brincadeiras e jogos de diferentes tipos, todos com a finalidade de desenvolver ou aprofundar seus conhecimentos sobre a língua de uma maneira divertida. Por meio deles, esperamos que você aprimore sua capacidade de ler e de escrever palavras e textos com autonomia.

Há atividades elaboradas com base em textos variados, como poemas, cantigas, parlendas, quadrinhas, cordel, fábulas, contos, histórias em quadrinho, pintura, fotografia, anedotas, textos de jornal, textos que circulam na internet e muitos outros. E também cruzadinhas, adivinhas e muitos outros jogos.

Se tiver dificuldade para ler ou compreender algum texto, peça ajuda ao professor. Em casa, peça ajuda a um adulto ou a um irmão ou irmã mais velhos.

Leia os textos com calma, procurando compreender suas ideias fundamentais. Se for uma história, preste atenção nos personagens, no lugar em que ocorrem os fatos, nos diálogos, na trama da história... Se for um poema, preste atenção no ritmo, nas rimas, nas imagens e na sonoridade.

Caso tenha dificuldade para saber os sentidos ou a grafia de uma palavra, consulte sempre um dicionário.

Faça as atividades com cuidado e atenção. Você verá que, ao longo do ano, vai se sentir cada vez mais confiante em relação às diversas possibilidades de uso da língua portuguesa.

Um abraço,
Os autores

SUMÁRIO

UNIDADE 1

UNIDADE 2

UNIDADE 3

UNIDADE 4

UNIDADE 1

CAPÍTULO 1 — EMPREGO DE C/QU E G/GU — AS LETRAS E E O EM FINAL DE PALAVRAS

Leia este poema:

Quebra-pote

Quem for esperto,
bate mais forte.
Chega bem perto,
VUPT.
PLOFT!
Leva as surpresas
do pote.

Quem vê no escuro
por algum furo
da venda,
ganha o apito
e o pirulito
de prenda.

Quem tem bom Norte
e vara comprida,
rebenta o barro,
pega a comida
e a sorte.

No bate-bate
é que nem Dom Quixote
combate e abate
num bote
o pote.

Sindhuja Sunderrajan/Shutterstock

(Maria da Graça Rios. *Chuva choveu*. Belo Horizonte: Miguilim. 1991. p. 20.)

1. O poema fala de uma brincadeira.

   a) Qual é essa brincadeira?

   ____

   b) Você já participou dela?

   ____

2. O objetivo dessa brincadeira é, com os olhos vendados, virar ou quebrar um pote de barro pendurado para ganhar o que há dentro dele.

   a) Quais palavras, no poema, imitam o som do momento em que um participante vira o pote?

   ____

   b) O que tem dentro do pote?

   ____

   c) Com que objeto o participante vira ou quebra o pote?

   ____

3. Leia em voz alta a primeira e a última estrofes.

   a) Que palavras rimam em cada uma delas?

   ____

   ____

   b) Leia em voz alta as palavras que você escreveu. Essas palavras são pronunciadas com qual som no final: **o** ou **u**, **e** ou **i**?

   ____

   ____

   ____

4 O poema apresenta forte sonoridade por causa do ritmo e de outros recursos musicais. Releia esta estrofe:

"No bate-bate
é que nem Dom Quixote
combate e abate
num bote
o pote."

Quais são as duas consoantes que se repetem várias vezes nesses versos?

____

5 Observe estas palavras:

quebra quem escuro comprida comida
Quixote combate casa brincadeira

a) Nessas palavras, as letras **qu** e a letra **c** têm o mesmo som?

____

b) Escreva as palavras nas quais foram empregadas as letras **qu**:

____

c) Escreva as palavras nas quais foi empregada a letra **c**:

____

____

d) Conclua: Quais são as vogais que aparecem após as letras **qu**?

____

e) Conclua: Quais são as vogais que aparecem após a letra **c**?

____

6 Agora observe mais palavras com a letra **c**:

curioso cidade colégio brincadeira
ciranda cara celular

a) Separe as palavras pela semelhança no som da letra **c**:

Som de caminhão	Som de cebola

b) Quais são as vogais que aparecem depois da letra **c** em cada um dos grupos?

Vogais depois de C com som de caminhão	Vogais depois de C com som de cebola

7 Agora compare estas palavras:

cadeira dança
escuro binóculo caçula
comida abraço

a) Quais são as vogais que aparecem depois de **c** ou **ç**?

____

b) A letra **ç** tem som de /s/, como **cebola**, ou som de /k/, como **cara**?

____

8 A letra **g** pode apresentar som de "jê", como em **gelo**, ou som de "guê", como em **galo**. Observe as palavras com **g** retiradas do poema:

chega	algum	ganha	pega

a) Nessas palavras, a letra **g** tem som de "jê" ou de "guê"?

____

Observe mais palavras com **g**:

viagem	gema	ágil	girafa

b) Nessas palavras, a letra **g** tem som de "jê" ou de "guê"?

____

9 Escreva o nome das imagens. Atenção para a escrita de **c**, **ç**, **qu**, **g**, **gu** e para o uso de **e** e **o** no final das palavras.

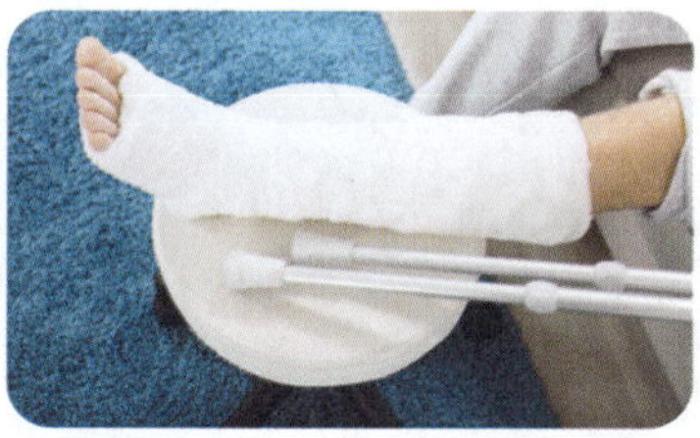
Andrey_Popov/Shutterstock

____

Angela Miller Photography/Shutterstock

____

Leonardo Milani/Shutterstock

____

Tanya Sid/Shutterstock

____

Prostock-studio/Shutterstock

____

Papava /Shutterstock

____

pierre irani/Shutterstock

____

holycat/Shutterstock

____

Anotai Y/Shutterstock

____

CAPÍTULO 2 — LINGUAGEM FIGURADA — EMPREGO DE R/RR E S/SS

Os textos a seguir apresentam definições de **pavão**. Leia-os.

pa.vão *sm* Grande ave galinácea notável pela magnífica plumagem, especialmente a da cauda.

(*Minidicionário Soares Amora da língua portuguesa*.)

Kandarp/Shutterstock

O pavão

O pavão
é um leque japonês
bordado em arco-íris
e caleidoscópio.

(Ronald Claver. *In*: Ferreira Gullar e outros. *Bichos de versos*. São Paulo: Quinteto Editorial, 2003. p. 11.)

JenJ_Payless/Shutterstock

1. O primeiro texto é um verbete de dicionário, e o segundo é um poema.

   a) Qual das duas definições explica de maneira mais exata o que é e como é um pavão? Marque com um X:

   ◯ a definição dada no dicionário

   ◯ a definição dada no poema

b) Qual das duas definições é mais expressiva e criativa e corresponde a um modo diferente de ver o pavão? Marque com um X:

◯ a definição dada no dicionário

◯ a definição dada no poema

2 Apesar das diferenças, as duas definições têm alguns pontos em comum. Quais são as semelhanças?

____

____

____

____

3 O poema compara o pavão a "um leque japonês bordado em arco-íris e caleidoscópio".

a) Você sabe o que é um caleidoscópio? Pesquise em um dicionário ou na internet.

b) O que o caleidoscópio e o arco-íris têm em comum?

____

____

c) Que aspecto do pavão o poeta quis ressaltar ao comparar a ave com um caleidoscópio e com o arco-íris?

◯ a beleza das plumas

◯ a variedade de cores

4 A maior parte dos poemas emprega linguagem figurada. Leia este poema:

Novelo

Marina Konstantinova/Shutterstock

Com fina linha prateada
o sonhador borda a sua vida:
na fronteira entre o dia e a noite,
entre uma estrela e outra,
uma palavra e sua sombra,
ergue um castelo de vento,
desfralda as bandeiras da paz.

(Roseana Murray. *Residência no ar*. São Paulo: Paulus, 2007. p. 19.)

Quais são os sentidos, no poema, das expressões **borda a sua vida** e **castelo de vento**, respectivamente?

( ) inventa sua vida e castelo imaginado

( ) desperdiça sua vida e castelo destruído

Leia este outro poema:

Agá mudo

O
agá,
quando
dorme,
está acordado.
É por isso que ele
pegou para si o som do lado.

(Antonio Granados. *Poemas com sol e sons*. São Paulo: Melhoramentos, 2011.)

5 O que você entende por **agá mudo**? Dê exemplo de uma palavra que tenha o agá mudo.

____

____

6 O poema usa uma linguagem figurada.

a) Como você sabe, letras não dormem. Então, explique a afirmação: "O agá, quando dorme, está acordado".

____

____

____

b) Por que, segundo o poema, ele pega o som do lado?

____

____

____

Leia o poema:

Cara Pipoca,
a senhorita
é mesmo uma parada.
Pena que, apesar de bonita,
seja muito estourada.
Prefiro a Batata Doce,
que está sempre assim assada,
mas é uma senhora mansa.
Assinado:
Dr. Pinhão da Casca Grossa.

NTRdesign/Shutterstock

(Henrique Félix. *Quermesse maluca*. Belo Horizonte: Formato, 2001. p. 19.)

7 O poema tem características de qual outro texto: um convite, uma carta ou uma receita?

____

8 Quem escreve para Pipoca?

____

____

9 Dependendo de onde é empregada, uma palavra pode ter mais de um sentido. Dr. Pinhão chama Pipoca de **estourada**. Essa palavra pode ter o sentido de "arrebentada", "explodida" ou "nervosa". Que sentido(s) ela tem no poema? Explique.

____

10 Escreva:

a) três palavras do poema iniciadas por **s**:

____

b) uma palavra do poema em que a letra **s** tem o som "zê":

____

11 Algumas palavras do poema estão escritas com **ss**.

a) Copie-as:

____

b) Quais letras aparecem antes e depois de **ss**?

____

c) Essas letras são vogais ou consoantes?

____

12 Agora, conclua: **s** tem som de "cê" no ____________ de palavras.

Para ter som de "cê" entre ____________, é preciso empregar ______.

13 A letra **r** também pode ser empregada duas vezes, como **rr**.

a) Observe as seguintes palavras com **r**:

cara	senhorita	parada
estourada	prefiro	senhora

Qual é a posição do **r** nessas palavras? Marque um X:

( ) no início da palavra

( ) em final de sílaba

( ) entre vogais

b) Agora, observe estes pares de palavras:

escorregador	relógio	roda
arranhar	raio	ferro

O som de **r** e o som de **rr** nas palavras desses pares são iguais ou diferentes?

____

c) Agora compare as palavras dos itens **a** e **b**. O som do **r** nas palavras do item **a** é igual ao som do **rr** nas palavras do item **b**?

____

14 Complete com **s** ou **ss**, **r** ou **rr**:

cla____e	____ilêncio	ba____ata
o____o	coi____a	bete____aba
pá____aro	ca____ido____o	____ede
profe____ora	so____i____o	escu____o

CAPÍTULO 3 — ADJETIVO — EMPREGO DE ÊS/ESA

Leia este poema, de Sérgio Capparelli:

O menino e a laranja

Um menino super simpático,
Mas com rosto esquelético,
Comia uma fruta cítrica.

Que gosto mais esquisítico:
Acabo ficando doêntico
Se comer essa larânjica!

(*111 poemas*. Porto Alegre: L&PM, 2008. p. 98.)

Teguh Mujiono/Shutterstock

1 O poema fala de um menino que comia uma fruta. Qual era a fruta?

____

2 No poema, foram empregados vários adjetivos. Escreva o adjetivo que caracteriza:

a) o menino ______________________

b) o rosto ______________________

c) a fruta ______________________

3 Na segunda estrofe do poema, foram empregadas três palavras inventadas pelo poeta, criadas a partir de outras palavras.

a) Quais são as palavras inventadas pelo poeta?

____

b) A partir de quais palavras da língua portuguesa elas foram criadas?

____

4 Entre essas palavras, duas foram empregadas no poema como adjetivos. Quais são eles?

____

5 Observe a sonoridade do poema.

a) Ligue, no poema, as palavras que rimam entre si.

____

b) Conclua: Por que o poeta modificou algumas palavras?

____

6 Repare nestes filhotes:

Rita_Kochmarjova/Shutterstock

Escreva adjetivos que caracterizem cada um desses animais.

____

____

____

7 No poema a seguir, faltam adjetivos. Complete os versos com adjetivos adequados ao sentido do texto. Se quiser, pode rimar.

O cachorrinho

Cachorro ______________

de rabo ______________

de pelo ______________

de língua ______________
que lambe meu dedo
que corre na rua
que rola na grama
que pula na poça

e sai todo ______________.

Cachorro ______________
de rabo abanando
você quer ser meu?

imaginasty/Shutterstock

(Pedro Bandeira. *Por enquanto eu sou pequeno*. 2. ed. São Paulo: Moderna, 2002. p. 22.)

8 Uma pessoa pôs um anúncio no jornal oferecendo um animal de estimação. Leia o anúncio:

> **DOAÇÃO**
>
> Doa-se um animal de estimação com as seguintes características: **pequeno**, **caseiro**, **cascudo**, **verde-amarelado**, **silencioso**, **lento**.
> Os interessados devem falar com Valéria.
> Telefone: 3712-8222.

Como você vê, a pessoa citou as características do bicho, mas se esqueceu de informar que bicho era. Será que, a partir dos adjetivos, você consegue adivinhar qual é ele?

a) Desenhe e pinte o bicho neste quadro:

vannilasky/Shutterstock

b) Escreva o nome do bicho. ______________________________

9 Nas palavras, as pequenas partes **-ês** e **-esa**, chamadas **partículas**, além de indicar a **origem** (o país de onde vem) de uma pessoa, também podem indicar **profissão** ou **título**. Que nome tem:

a) o homem que trabalha no campo? ______________________

b) a mulher do marquês? ______________________________

c) a mulher do duque? ________________________________

10 Leia este trecho da história *A Bela Adormecida*:

"Ela não morrerá! Quando espetar o dedo, a princesa cairá num sono profundo e dormirá cem anos, até que um príncipe a acorde."

Maciej Es/Shutterstock

Nesse trecho da história, encontramos duas palavras muito parecidas: uma está no masculino e a outra, no feminino.

a) Quais são essas palavras? Escreva:

____

b) A forma que está no feminino é escrita com a letra **s** ou com a letra **z**?

____

11 Encontre a saída do labirinto. Depois, pinte de amarelo o nome dos países que apareceram no seu caminho.

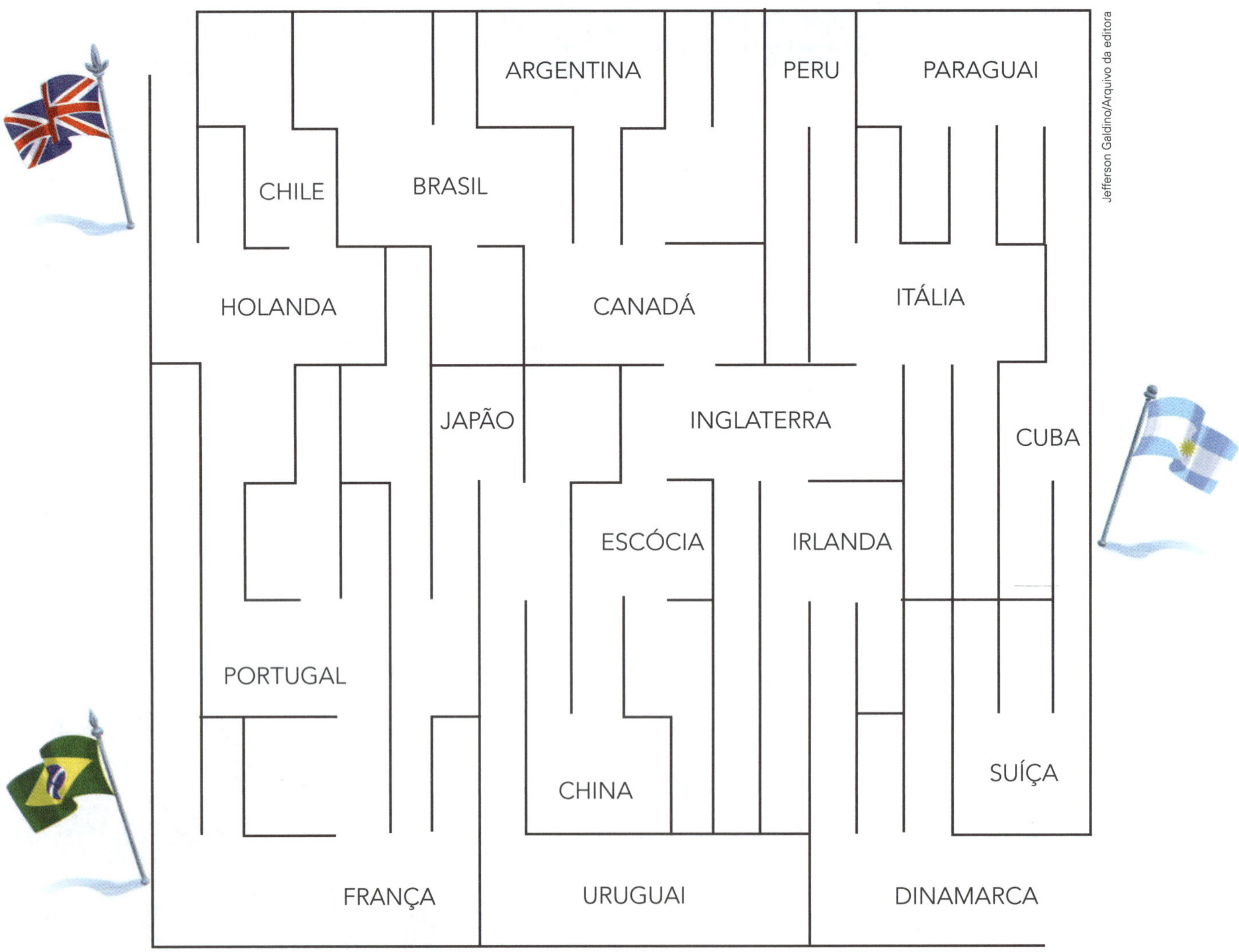

Jefferson Galdino/Arquivo da editora

12 Escreva o nome que se dá à mulher que nasce em cada um dos países que você pintou.

______________________ ______________________ ______________________

______________________ ______________________ ______________________

______________________ ______________________ ______________________

13 Resolva a cruzadinha escrevendo o feminino das palavras:

1. finlandês
2. tailandês
3. português
4. libanês
5. polonês
6. inglês
7. dinamarquês
8. chinês
9. japonês
10. paquistanês

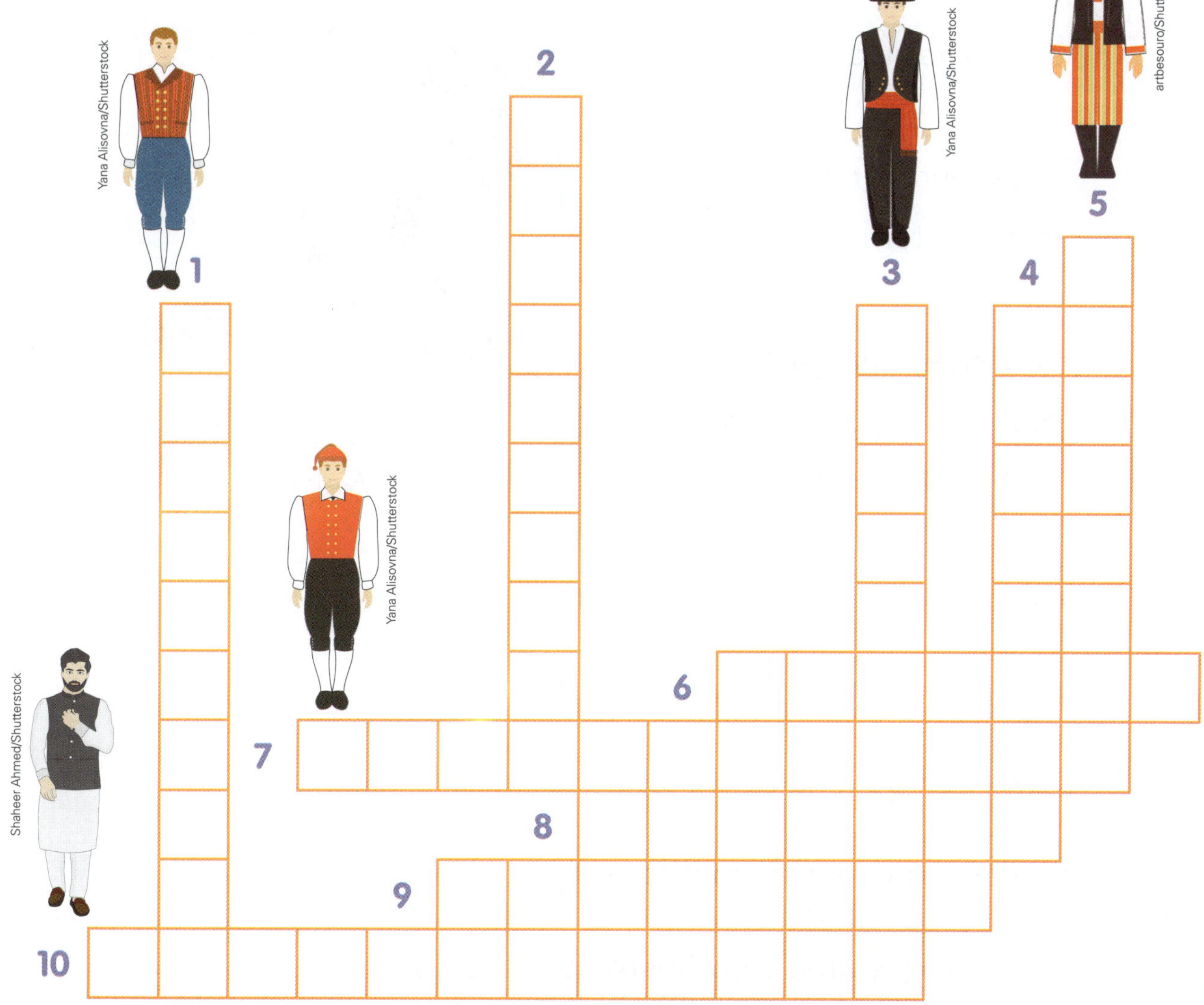

UNIDADE 2

CAPÍTULO 1 — EMPREGO DE H, CH, LH, NH, LIA E LHA/LIO E LHO

Leia este poema:

Canguru

Não parece um U
o pulo do canguru?

O que ele leva na bolsa
é mais frágil do que louça?

O canguru é diferente
mas não tem jeito de gente?

Será que lá na Austrália
quem vê canguru se atrapalha?

Oksana Kalmykova/Shutterstock

(Regina Chamlian. *Rãzinha cantora e outros poemas*. São Paulo: Paulinas, 2007. p. 6.)

1. Observe as rimas do poema e escreva:

a) a palavra que rima com **U**: ______________________

b) a palavra que rima com **bolsa**: ______________________

c) a palavra que rima com **diferente**: ______________________

d) a palavra que rima com **Austrália**: ______________________

2 Pronuncie em voz alta estes pares de palavras:

Austrália — atrapalha
cílio — filho

a) Quanto ao som, como são as últimas sílabas das palavras de cada par, são iguais ou diferentes? Marque com um X:

( ) iguais ( ) diferentes

b) E quanto à escrita, são iguais ou diferentes? Marque com um X:

( ) iguais ( ) diferentes

3 Complete o poema a seguir com uma das opções entre parênteses:

Quem é?

Quem ________________ (brilha/brilia) no céu?
— O sol.

Quem ________________ (brilha/brilia) na ________________ (folha/folia)?

— O ________________ (orvalho/orvalio).

Quem ________________ (brilha/brilia) na relva?
— A chuva.

Quem ________________ (brilha/brilia) no ________________ (espelho/espelio)?
— Eu.

(Sonia Miranda. *Pra boi dormir*. 7. ed. Rio de Janeiro: Record, 2007. p. 54.)

4 Leia este poema, de Lalau e Laurabeatriz:

ZUM-ZUM-ZUM

O zumbido
Da 

Faz coceguinhas
Na 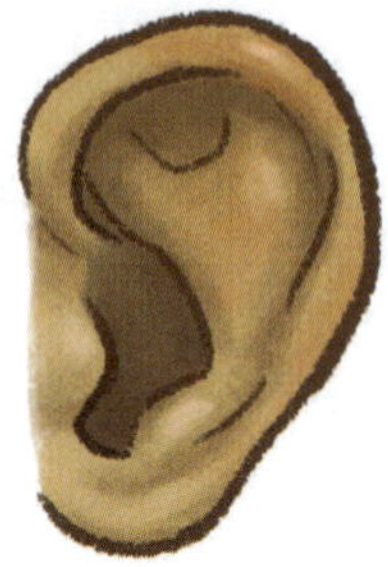

Ilustrações: Felipe Camêlo/Arquivo da editora

(*Bem-te-vi e outras poesias*. São Paulo: Companhia das Letrinhas, 1994. p. 18.)

a) Que palavra corresponde à ilustração do segundo verso do poema?

____

b) E à ilustração do quarto verso? ______________________

5 Tente resolver estas adivinhas:

ClassicVector/Shutterstock

a) O que é que as pessoas
fazem e a gente não vê? ______________

b) Somos duas amigas
que andam o tempo inteiro juntas,
mas só vemos uma à outra no espelho.
Quem somos? ______________

c) O que é, o que é?
Pode ser cortado muitas vezes,
mas fica sempre do mesmo tamanho. ______________

d) O que é, o que é?
Quero que você responda
Sem que enlouqueça:
Qual é o animal que anda
Com os pés sobre a cabeça? ______________

6 Leia esta tira:

a) No segundo quadrinho, a mulher usa a expressão "Foi um horror!". A que ela se referiu? Como ela se sentiu com o fato?

b) Como Armandinho compreendeu a expressão?

7 Releia a tirinha e responda:

a) Em qual palavra a letra **H** não representa nenhum som?

b) Em quais palavras a letra **H** é combinada a outra letra que, juntas, formam um som? Qual consoante a letra **H** acompanha?

8 Com **h** ou sem **h**? Escreva o nome das figuras, que podem ou não ser iniciadas pela letra **h**.

Mark and Anna Photography/Shutterstock

____

wonwhan/Shutterstock

____

prapann/Shutterstock

______________ e flecha

Virinaflora/Shutterstock

____

Wut_Moppie/Shutterstock

papel ______________

Lucky Business/Shutterstock

____

Monkey Business Images/Shutterstock

____

Stefano Carnevali/Shutterstock

____

9 Ligue as sílabas para formar os nomes das figuras. Depois, escreva no quadro a seguir as palavras que você formou.

petovarga/Shutterstock

PI

Vlada Art/Shutterstock

ASSOA

Gringoann/Shutterstock

DÁ

Albachiaraa/Shutterstock

BARA

LiliiaKyrylenko/Shutterstock

CÍ

LHA

LIA

LHO

LIO

FO

Kittisan Pattanawongsa/Shutterstock

FAMÍ

GoodStudio/Shutterstock

O

Agnieszka Matejczyk/Shutterstock

SANDÁ

Magicleaf/Shutterstock

HÉ

Ira Che/Shutterstock

LHA/LHO	LIA/LIO

CAPÍTULO 2 — O DICIONÁRIO — EMPREGO DE G E J

Leia este texto:

Nina Puankova/Shutterstock

O dicionário é uma espécie de pomar. Só que as suas árvores, em vez de serem árvores de frutas, são árvores de palavras.

Cada uma das letras do alfabeto é uma árvore onde estão penduradas as palavras que começam por essa letra. Assim, abacate pertence à letra A, banana à letra B, caqui à letra C, e assim por diante.

A ordem por letra inicial, isto é, a ordem alfabética, ajuda a gente a encontrar rapidamente as palavras quando quer descobrir o que cada uma delas significa.

Por exemplo, vocês sabem o que significa ábaco? Se não sabem, é só ir ao dicionário, procurar a letra A, localizar nela ábaco, e ler a sua definição.

Aí ficarão sabendo que ábaco é uma moldura com arames, ao longo dos quais há bolinhas coloridas que a gente pode movimentar. Movimentando essas bolinhas, conseguimos fazer rapidamente somas e subtrações.

Pois bem: o dicionário só funciona quando cada palavra está corretamente classificada pela sua letra inicial. Se estiver classificada por engano em alguma outra letra, aí é muito difícil achá-la.

(José Paulo Paes. *A revolta das palavras — Uma fábula moderna*. São Paulo: Companhia das Letrinhas, 1999.)

1. No 1º parágrafo do texto, o autor diz o que é dicionário para ele. Com o que ele compara o dicionário?

____

2. Para o autor, cada letra do alfabeto é uma árvore onde estão penduradas as palavras que começam com essa letra. Por exemplo, **abacate** está na letra **a**, **banana** na letra **b**, **caqui** na letra **c**, etc.

a) Em que letras estão os seguintes nomes de frutas?

- uva _______________________
- laranja _______________________
- pera _______________________

b) Será que você consegue se lembrar do nome de pelo menos seis frutas que estão na letra **m**? Escreva:

3. As palavras do dicionário aparecem organizadas em ordem alfabética. Por isso, quando queremos procurar o significado de uma palavra no dicionário, precisamos saber a ordem das letras no alfabeto. Vamos lembrar como é o nosso alfabeto?

__ B C __ E F G __ I J __ L M

N __ P Q R S __ U V __ X Y Z

Complete o alfabeto com as letras que estão faltando.

4 Escreva, em ordem alfabética, os nomes destes animais:

Skorik Ekaterina/Shutterstock

svaga/Shutterstock

Mumut/Shutterstock

Anait/Shutterstock

5 Leia este poema:

Poema em iz

Dizem que Ana Beatriz
— a mais bela atriz,
como todo mundo diz —
por um triz
não quebrou o nariz
numa cena de amor infeliz
que se passava num chafariz.

(Elias José. *Um jeito bom de brincar*. São Paulo: FTD, 2002. p. 14.)

Jane Kelly/Shutterstock

a) O que significa a expressão **por um triz**?

◯ por azar

◯ por muito pouco

◯ por sorte

b) Coloque em ordem alfabética as seguintes palavras do texto:

bela
nariz
amor
infeliz

______

______

______

______

6 Imagine que você precisa procurar no dicionário as palavras **cena** e **chafariz**. Se ambas se iniciam com **c**, qual vem primeiro? É **cena**, porque o dicionário organiza as palavras também pela segunda letra, pela terceira letra, e assim por diante. Veja:

	1ª letra	**2ª letra**	
casa	c	a	sa
cena	c	e	na
chafariz	c	h	afariz

Escreva em ordem alfabética, isto é, na ordem em que aparecem no dicionário, os nomes destas flores:

lírio

cravo

margarida

camélia

moreia

copo-de-leite

7) As fichas de alguns alunos do 3º ano A estavam sobre a mesa da biblioteca. De repente, uma ventania espalhou-as pelo chão. Ajude a bibliotecária a colocar as fichas novamente na ordem alfabética.

Ilustra Cartoon/Arquivo da editora

____

____

____

____

____

Você sabe qual é a diferença entre o jabuti e a tartaruga? Leia o texto:

Qual a diferença entre o jabuti e a tartaruga?

O jabuti passa a maior parte do tempo na terra, tem carapaça mais alta e patas mais volumosas e largas. Já a tartaruga vive na água e tem a carapaça mais achatada. Nas suas patas há membranas que facilitam a natação.

(*Recreio*, n. 73.)

Fargon/Shutterstock

8 Uma criança tem em casa um dos animais de que fala o texto, mas ela não sabe se é tartaruga ou jabuti. O animal vive quase todo o tempo no jardim e, às vezes, dá uma escapada até a rua.

a) Esse animal é um jabuti ou uma tartaruga? Escreva:

____

b) Por quê? Marque com um X:

◯ Ele gosta de fugir. ◯ Ele não vive na água.

9 Pronuncie em voz alta as sílabas das palavras JABUTI e TARTARUGA.

JA – BU – TI TAR – TA – RU – GA

Agora pronuncie as duas sílabas abaixo e note a diferença de som entre **J** e **G**.

JA GA

Agora complete as palavras com **j** ou com **g**:

veerucolor1/Shutterstock

_____ato

hermandesign/Shutterstock

_____orro

Aleksangel/Shutterstock

_____arra

puaypuay/Shutterstock

_____ato

Christos Georghiou/Shutterstock

_____orro

Christos Georghiou/Shutterstock

_____arra

10 Abaixo, há partes de palavras. Junte as partes que estão à esquerda com as partes que estão à direita e forme palavras com **J** ou **G**. Depois, escreva as palavras que você formou.

SA	JE	______
LO	JADA	______
CAN	JUDA	______
PE	GO	______
HO	GADA	______
RA	JICA	______
A	GU	______

OrangeVector/Shutterstock

11 Descubra qual é o bicho e escreva o nome dele. Dica: todas as respostas têm as letras **g**, **gu** ou **j**.

a) Animal de focinho largo e chato, encontrado nos pântanos.

______

b) Ave de crista vermelha e rabo com longas penas coloridas.

______

c) Besouro pequeno cheio de pintinhas.

______

d) Animal terrestre muito veloz, que chega a correr 100 quilômetros por hora e é da família dos felinos, como o gato e o leão.

______

12 Escolha no quadro sílabas para formar palavras:

_____CA _____LINHA

CA_____ _____MA

_____MANTA SA_____

_____RI _____LA

_____GO _____DÔ

MAN_____RICÃO MAN_____

Jorge Zaiba/Arquivo da editora

13 Forme famílias de palavras a partir de:

a) gelo

____

____

____

____

____

losw/Shutterstock

b) jeito

____

____

____

____

____

CAPÍTULO 3 — PREFIXOS E SUFIXOS — EMPREGO DE C E Ç

Você sabe como foi criado o Dia das Crianças? Leia este texto:

A origem do Dia das Crianças

Yurchenko Yulia/Shutterstock

A data se popularizou por iniciativa de Eber Alfred Goldberg, diretor comercial da Estrela — que queria vender mais brinquedos. Em 1955, Goldberg idealizou uma promoção batizada de Semana do Bebê Robusto. No ano seguinte, a empresa decidiu repetir a empreitada, agora sob o nome de Semana da Criança. O mês escolhido para a comemoração acabou sendo outubro. Essa campanha foi tão bem-sucedida que a empresa resolveu criar um dia fixo para o evento. Para a Justiça, o Dia da Criança é 25 de março (Decreto no 2.024, de 1940), mas o dia 12 de outubro se tornou mais popular com o passar dos anos. A data coincide com o dia de Nossa Senhora Aparecida, Padroeira do Brasil.

(Disponível em: www.guiadoscuriosos.com.br/categorias/4978/1/dia-das-criancas.html. Acesso em: 1/2/2021.)

1. O Dia da Criança teve origem em 1955, quando um diretor de uma fábrica de brinquedos teve a ideia de lançar a promoção Semana do Bebê Robusto. De acordo com o texto, a finalidade principal da empresa ao lançar essa promoção era homenagear as crianças ou vender mais brinquedos?

____

____

2 O texto apresenta várias palavras com a letra **C**. Em algumas delas, a letra **C** tem o som do **c** de **casa**; em outras, tem o som do **c** de **cebola**.

a) Escreva as palavras do texto nas quais a letra **C** tem o som do **c** de **casa**.

____

____

____

____

b) Circule nessas palavras as vogais que vêm depois da letra **C**. Depois, conclua: Antes de quais vogais a letra **C** tem o som do **c** de **casa**?

____

____

____

____

3 A partir da palavra **criança**, é possível formar outras palavras, alterando a terminação. Forme palavras a partir de **criança** com os sentidos indicados a seguir.

	Criança pequena ou pessoa imatura.
	Criança grande.
	Grupo de crianças.
	Ação ou comportamento próprio de crianças ou ação imatura, boba.

Giz de Cera/Arquivo da editora

4 Vamos brincar de grande e pequeno? Forme novas palavras, dando ideia de algo pequeno ou algo grande, apenas trocando a terminação das palavras:

pássaro ______________________________

amigo ______________________________

flor ______________________________

livro ______________________________

boca ______________________________

porta ______________________________

5 Algumas das palavras criadas no exercício anterior, além do sentido de pequeno ou grande, podem ter outro sentido, dependendo da situação. Escreva pelo menos uma frase mostrando o outro sentido que a palavra pode ter.

____

____

____

____

6 Algumas palavras são criadas pela adição de uma partícula antes da palavra. As palavras abaixo foram criadas dessa maneira. Descubra de quais palavras elas são originadas.

incapaz ______________ impossível ______________

supermercado ______________ rever ______________

ilegal ______________

7 O que é, o que é? Adivinhe se puder. Dica: a resposta contém as letras **c** e **ç**.

Vive sempre paradinha,
Não anda nunca, de fato,
E, no entanto, podes crer,
Gasta a sola do sapato...

Biry Sarkis/Arquivo da editora

____

8 Olhos de lince: observe as figuras e escreva o nome delas. De um lado, escreva as palavras com **c** e, do outro, as palavras com **ç**.

grey_and/Shutterstock

Lakeview Images/Shutterstock

Valentina Razumova/Shutterstock

Lifestyle Travel Photo/Shutterstock

C	Ç

tkemot/Shutterstock

Ronnie Howard/Shutterstock

KWstudio/Shutterstock

Wealthylady/Shutterstock

9 Atenção, detetive! Na lista abaixo, há nove palavras que estão escritas com a grafia errada. Risque-as e, depois, escreva-as corretamente.

CAÇADOR ÇEDILHA	
CINTURA LENSO	
BERÇO CAÇA	
ONSA PALHAÇO	
BALANSO PISÇINA	
CIDADE CEBOLINHA	
SINEMA CEREJA	
MASSÃ ASÚCAR	
CALÇA AQUEÇEDOR	

Felipe Camêlo/Arquivo da editora

10 Adivinhe o que é a partir da dica e do número de letras. Todas as palavras apresentam **c** ou **ç**.

a) Filho mais novo (6 letras): ______________________

b) Usa-se para limpar o nariz (5 letras): ______________________

c) Dar soluços (7 letras): ______________________

d) Instrumento usado para pesar (7 letras): ______________________

e) Terceiro dia da semana (10 letras): ______________________

f) Anel de casamento (7 letras): ______________________

11) Preencha as lacunas de cada palavra com as sílabas disponíveis no centro. Se tiver dúvidas, consulte um dicionário.

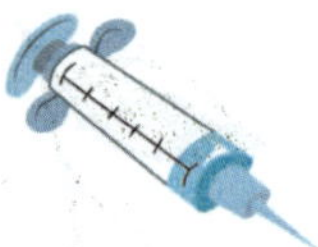
va______na

justi______

más______ra

______rau

al______

cupua______

______leção

ca

ça

ce

ci

co

ço

cu

çu

______rebro
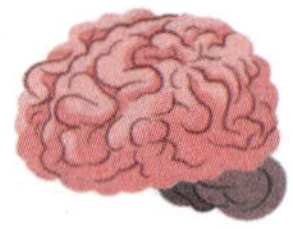

muri______ca

re______clar

almo______

o______pado

palha______

______real

a______de

Ilustrações: Ilustra Cartoon/Arquivo da editora

UNIDADE 3

CAPÍTULO 1 — VARIEDADES LINGUÍSTICAS — EMPREGO DE SONS NASAIS (TIL, M, N), AM E ÃO

Leia este poema:

Medinho

Eu sempre gosto de sombra
quando é tempo de sol.
Mas de noite tudo é sombra,
fico embaixo do lençol!

(Pedro Bandeira. *Por enquanto eu sou pequeno*. 2. ed. São Paulo: Moderna, 2002. p. 14.)

FoxyImage/Shutterstock

1. Por que a pessoa que fala no poema fica embaixo do lençol?

____

2. Faça um círculo nas letras **m** e **n** das palavras do poema nas quais elas vêm antes de consoante.

3. Escreva no quadro as palavras nas quais você circulou as letras **m** e **n**, organizando-as em dois grupos.

Palavras com M antes de consoante	Palavras com N antes de consoante

4 Leia estas palavras:

YUNAN tima/Shutterstock

a) Quais palavras têm **m** antes de consoante, como **sombra**? Escreva:

____

____

____

b) Quais palavras têm **n** antes de consoante, como **lençol**? Escreva:

____

____

____

Leia esta tirinha, de Ziraldo:

5 Julieta e Carolina estão inventando uma nova língua.

a) Para que elas fazem isso?

____

____

b) Qual é a surpresa revelada no último quadrinho?

____

____

6 No 1º quadrinho, Carolina diz: "Pra quê?". A palavra **pra** é um modo informal de falar qual palavra?

____

7 No 2º quadrinho, Julieta diz:

> "Se a gente inventar uma língua só nossa, pode fofocar à vontade sem os meninos sacarem!"

a) O verbo **sacar** significa geralmente "resgatar, arrancar, retirar". Nessa frase, entretanto, ele foi empregado de modo informal. Que sentido ele apresenta?

____

b) Identifique outro verbo da fala de Julieta que também é típico de uma fala informal.

____

c) Como ficaria a frase se, em vez de empregar a expressão **a gente**, Julieta tivesse empregado a palavra **nós**?

____

d) Qual das duas formas é mais comum no dia a dia: a que foi usada na tirinha ou a que você escreveu no item **c**?

____

8 Escreva o nome de cada figura:

HO3DMOD/Shutterstock

Incomible/Shutterstock

Spreadthesign/Shutterstock

______________ ______________ ______________

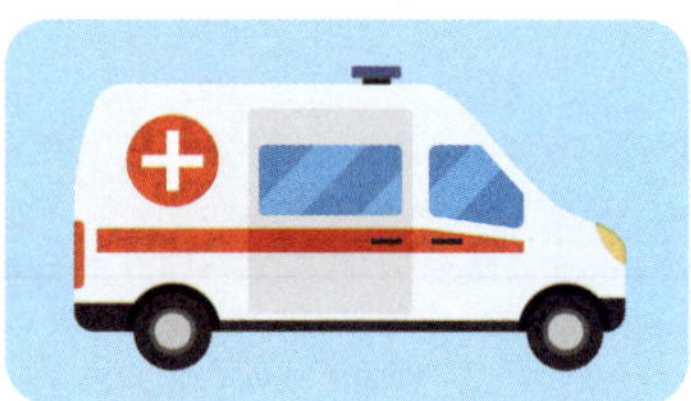

White Wolf/Shutterstock

Spreadthesign/Shutterstock

KittyVector/Shutterstock

______________ ______________ ______________

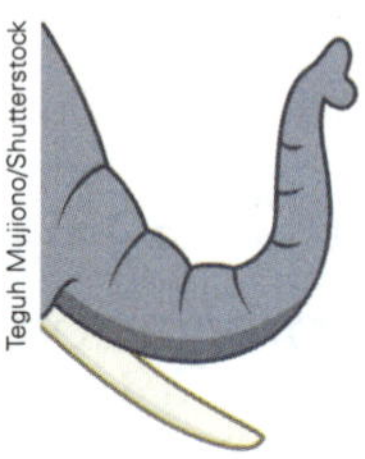

Teguh Mujiono/Shutterstock

Olga Kovalska/Shutterstock

______________ ______________

9 Você sabe que o guaraná, um refrigerante que muita gente bebe, é feito com uma fruta da Amazônia?

O texto a seguir diz como é essa fruta e fala de uma lenda sobre o seu surgimento. Leia-o.

O olho do guaraná

diogoppr/Shutterstock

O grão do guaraná lembra muito a figura de um olho humano. Dessa semelhança surgiu a lenda espalhada pelos índios saterés-maués. A índia Unai teve um filho concebido por uma serpente e morto pelas flechadas de um macaco. No local em que ele foi enterrado, nasceram as primeiras plantas de guaraná. Todo final de novembro, os índios celebram esse acontecimento com a Festa do Guaraná, na cidade de Maués, a 270 quilômetros de Manaus.

(Marcelo Duarte. *O guia dos curiosos*. São Paulo: Cia. das Letras, 1999. p. 35.)

a) Escreva as duas palavras do texto que têm **m** antes de **p** ou **b**.

____

b) Circule no texto todas as palavras que têm a letra **n** antes de outras consoantes. Depois, escreva as palavras no quadro abaixo, agrupando-as de acordo com a consoante que vem depois de **n**.

nc/nç	nd	nt

10 Com a ajuda de um adulto, resolva a cruzadinha a seguir. Fiquem atentos na hora de escrever as palavras que têm as letras **m** ou **n** antes de consoantes.

1. O mesmo que cheio de sangue.
2. Fazer subir uma pipa (papagaio de papel).
3. O contrário de frio.
4. Fatigado, exausto.
5. Aumentar.
6. Que existe há muito tempo.
7. Homem que trabalha para alguém.
8. Impulsionar usando a força.
9. Salgadinho de massa recheada, assado em fôrma pequena.
10. Corrente de ar.
11. Chuva forte acompanhada de vento.
12. Os dois.
13. Muito bonito.
14. Felino brasileiro de grande porte.

						1							
					2	E							
		3				N							
		4				S							
					5	A							
				6		N							
7	E	M	P	R	E	G	A	D	O				
		8				U							
					9	E							
			10			N							
					11	T							
					12	A							
		13				D							
					14	O							

Leia o poema a seguir e responda às questões 11 e 12.

O móbile

Quatro palhaços
Dançam contentes
Soltos no ar
Feito meninos.

Quatro palhaços
Fracos, franzinos,
Dançam num móbile
Cheio de sinos.

Quatro palhaços
— De jeito ladino —
Tocam viola
E violino.

Quatro palhaços
Estão dormindo
Dentro dos olhos
De um menino.

lemono/Shutterstock

(Sérgio Capparelli. *111 poemas para crianças*. Porto Alegre: L&PM, 2003. p. 16.)

11 Observe e compare estas três frases:

"Quatro palhaços **dançam** contentes."
"Quatro palhaços **tocam** viola e violino."
"Quatro palhaços **estão dormindo** dentro dos olhos de um menino."

a) Como são as ações indicadas pelos verbos das frases?

( ) Já aconteceram no passado.

( ) Ainda vão acontecer no futuro.

( ) Estão acontecendo no presente.

b) Reescreva as três frases, começando cada uma delas por **Um palhaço**.

____

____

____

12 Observe e compare:

ele dança / toca — eles dançam / tocam
ele é / está / dá — eles são / estão / dão

Conclua:

a) Quando se coloca **eles** antes de verbos como **dançar** e **tocar**, com qual terminação os verbos ficam?

( ) am ( ) ão

b) Quando se coloca **eles** antes de verbos como **ser**, **estar** e **dar**, com qual terminação os verbos ficam?

( ) am ( ) ão

13 Complete as adivinhas com os verbos indicados entre parênteses. Depois, tente descobrir as respostas.

a) Todos me ______________ mar, (chamar)

Meu nome não é assim.

Soletre quem souber ler

E ponha sentido no fim. Resposta: ______________

b) ______________ a casa nas costas, (levar)

E, quando ______________, ______________ sinal. (andar — deixar)

Têm chifres e não __________ bois, nem __________ vacas. (ser — ser)

Suas casas ______________ às costas. (levar) Resposta: ______________

CAPÍTULO 2 — O VERBO — O EMPREGO DE AL, EL, IL, OL, UL, AU, EU, IU, OU

Leia a cantiga abaixo. Depois, cante-a.

Marcha, soldado

Marcha, soldado,
Cabeça de papel.
Se não marchar direito,
Vai preso pro quartel.
O quartel pegou fogo,
Francisco deu sinal.
Acode, acode, acode
A bandeira nacional.

(Da tradição popular.)

MaryValery/Shutterstock

1. Copie da cantiga:

   a) uma palavra terminada em **al**: ____________________

   b) uma palavra terminada em **el**: ____________________

   c) uma palavra terminada em **eu**: ____________________

   d) uma palavra terminada em **ou**: ____________________

2. Quais das palavras que você escreveu na questão 1 são verbos?

   ____

3. Complete as frases a seguir com as formas corretas dos verbos indicados entre parênteses.

   Dica: em todas as formas, escolha uma entre estas terminações: **il/iu**, **el/eu**, **ol/ou**.

a) Minha tia ________________ (dormir) na minha casa ontem e ________________ (brincar) comigo até tarde da noite.

b) O cachorro ________________ (comer) toda a ração que estava na tigela e depois se ________________ (sentir) mal.

c) A criança ________________ (chegar) atrasada na aula porque ________________ (chover) muito no seu caminho.

4 **Mensagem secreta**

Decifre o código e leia a mensagem secreta:

Ilustrações: Clarissa França/Arquivo da editora

Agora escreva a mensagem que você descobriu.

____

____

5 Ligue os pontos da figura abaixo e descubra um importante instrumento de pescaria. Descobriu? Então, escreva o nome desse instrumento:

____

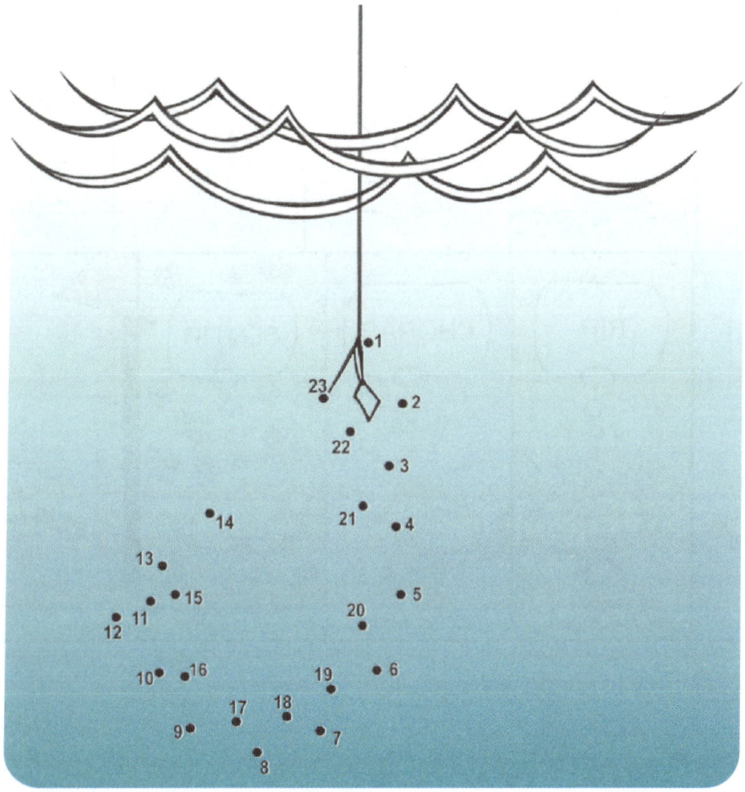

Banco de imagens/ Arquivo da editora

6 Leia a primeira estrofe do poema de Fernanda Sander e complete-a, substituindo cada uma das imagens pelas palavras correspondentes.

A colina de Albabur

Na colina de Albabur

Quem sobe pode pegar o  ____________.

monicaodo/Shutterstock

Se ficar na pontinha dos pés

As nuvens têm gosto de  ____________.

r.classen/ Shutterstock

(*Ideia passarinha*: poesia (in)completa para crianças. São José dos Campos, SP: 2019. p. 136.)

Leia o cartum e responda às questões 7 a 9.

(Nik. *Gaturro*. Buenos Aires: Ediciones de La Flor, 2012. v. 18, p. 53.)

7) Observe o desenho de cada quadrinho e o pensamento do personagem Gaturro em cada um deles. Cada palavra do cartum indica uma ação.

a) Gaturro fica alegre ao pensar em quais ações? Escreva:

____

b) Gaturro fica muito triste ou decepcionado ao pensar em quais ações? Escreva:

____

c) Gaturro fica sentimental ou sensível ao pensar em quais ações? Escreva:

____

d) Gaturro fica leve ao pensar em qual ação? Escreva:

____

8 Entre as ações nas quais Gaturro pensa, há uma que resume todas as outras. Qual é ela? Escreva:

____

9 De acordo com o cartum, a vida é cheia de que tipo de fatos e ações?

◯ alegres ◯ tristes

◯ variados, isto é, às vezes bons, às vezes ruins

Leia o poema abaixo e responda às questões 10 a 12.

Canseira que dá canseira

— Menino, venha estudar!
— Mãe, eu tô cansado.
— Menino, cansado do quê?

Cansado, mãe,
de vadiar;
de bater perna,
de caçar tempo,
de domar o vento,
de enganar o sol,
de esticar a sombra,
de cercar a enxurrada,
de achar bicho nas nuvens,
de colorir o arco-íris,
de alisar pelo de gato,
de beliscar o pé da mesa.

Mãe, como eu tô cansado!

Jean Galvão/Arquivo da editora

(Elias José. *Um jeito bom de brincar*. São Paulo: FTD, 2002. p. 34.)

10 O menino diz à mãe que não vai estudar porque está cansado.

a) Identifique e escreva os verbos da segunda estrofe do poema e veja tudo o que ele fez durante o dia.

____

____

b) Resumindo, o que ele fez o dia todo?

____

c) As coisas que ele fez cansam?

____

11 Entre os verbos do poema, há um que indica o estado do menino: **tô**. Essa palavra é uma forma popular e reduzida de outra palavra.

a) Qual é a palavra inteira?

____

b) Como nós acharíamos esse verbo no dicionário?

____

12 Você viu que o menino fez muitas coisas durante o dia. Complete as frases com a forma verbal adequada, de acordo com o poema, seguindo o exemplo:

O menino **bateu** perna.

O menino ____________________ o arco-íris.

O menino ____________________ o pé da mesa.

O menino ____________________ o vento.

O menino ____________________ a enxurrada.

CAPÍTULO 3 — A CONCORDÂNCIA ENTRE VERBO E AGENTE — A LETRA S E SEUS SONS

Leia o poema a seguir.

A onça e o jabuti

(em homenagem a Edward Lear)

A onça e o jabuti foram nadar
Em uma lagoa longe do mar
A onça levou uma cesta de piquenique
E o jabuti, um chapéu muito chique
A onça resmungou que a água estava fria
E o jabuti fez a maior estripulia
Eles comeram sanduíches de amendoim
A onça contou tudo tim-tim por tim-tim
Iam organizar uma festa
Com os animais da floresta:
Uma homenagem ao mico-leão
Que terminou sua graduação

Ilustrações: Teguh Mujiono/Shutterstock

(Cinthia Alves. *Poemas e outros bichos*. São Paulo: Quatro Cantos, 2016. p. 28.)

1. No poema, a onça e o jabuti saíram juntos.

   a) O que eles foram fazer?

   ____

   ____

   ____

   ____

b) Ligue as palavras da coluna da esquerda aos seus significados.

chique	curso universitário, faculdade
estripulia	elegante, de muito bom gosto
homenagem	travessura, confusão, bagunça
graduação	mostra de admiração e respeito

c) O que significa contar tudo **tim-tim por tim-tim**? Marque com um X:

( ) Contar tudo muito rápido.

( ) Contar tudo bem devagar.

( ) Contar tudo com muitos detalhes.

2 Foram empregados diversos verbos no poema.

a) Circule-os.

b) Indique as formas verbais que têm como agente da ação verbal, no poema:

- a onça e o jabuti:

____

- só a onça:

____

- só o jabuti:

____

3 Releia estes versos:

"A onça e o jabuti foram nadar."

"A onça levou uma cesta de piquenique."

"Eles comeram sanduíches de amendoim."

"E o jabuti fez a maior estripulia."

a) Sublinhe os verbos de cada um deles.

b) Circule os termos e expressões que representam o agente de cada ação verbal sublinhada por você no item **a**.

c) Reescreva os versos acima segundo as regras da norma-padrão da escrita, fazendo as alterações necessárias e substituindo:

- **A onça e o jabuti** por **A onça** no primeiro verso

___

___

- **A onça** por **A onça e o jabuti** no segundo verso

___

___

- **Eles** por **O jabuti** no terceiro verso

___

___

- **o jabuti** por **A onça e o jabuti** no quarto verso

___

___

Leia o poema a seguir e responda às questões 4 a 12.

Rosa

A palavra ROSA
mexe com nossos sentidos
e com fundos sentimentos.

Não é só, mas é a forma perfeita.
Não é só, mas é o doce perfume.
Não é só, mas é o veludo das pétalas.
Não é só, mas é a cor que encanta.

Marina Rose/Shutterstock

Fazer da rosa chá ou salada,
acho demais.
Mas quem experimentou,
gostou e repetiu.

Prefiro ver a rosa na roseira
ou no vaso bem bonito.
Prefiro dar e receber rosas
como forma de elogio e beleza.

(Elias José. *Pequeno dicionário político-humorístico*. São Paulo: Paulinas, 2006. p. 83.)

4 Que características da rosa são citadas no poema? Marque-as:

( ) perfume
( ) espinho
( ) tamanho
( ) cor
( ) aveludado das pétalas
( ) perfeição

5. Algumas pessoas tomam chá de rosas ou comem rosas na salada. O poeta diz: "acho demais".

a) Ele gosta ou não gosta de chá ou de salada de rosas?

____

b) O que quer dizer a expressão **acho demais**?

____

c) E você, o que acha de comer rosas na salada ou tomar chá de rosas?

____

6. O poeta prefere ver a rosa na roseira ou em um vaso bem bonito. E você?

a) Desenhe como você prefere ver a rosa.

b) Na sua opinião, quando podemos dar rosas para alguém?

____

7 Pronuncie as palavras abaixo em voz alta e compare os sons da letra **S**.

SENTIDO ROSA

a) Em qual das palavras a letra **S** tem o som "cê"?

____

b) Em qual das palavras a letra **S** tem o som "zê"?

____

c) Em **sentido**, a letra **S** está no início ou no fim da palavra?

____

d) Em **rosa**, a letra **S** está no início ou no meio da palavra?

____

e) Em **rosa**, a letra **S** está entre vogais ou entre consoantes?

____

8 Pronuncie em voz alta estas outras palavras:

ROSA NOSSO

a) Nas duas palavras, a letra **S** está entre vogais ou entre consoantes?

____

b) Em qual palavra a letra **S** tem o som "zê"?

____

c) Por que na outra palavra a letra **S** tem o som "cê"?

____

9 Escreva duas outras palavras do poema iniciadas com a letra **S**.

____

10 Escreva duas outras palavras do poema nas quais a letra **S** está entre vogais e tem o som "zê".

____

11 Escreva o nome das figuras:

Tartila/Shutterstock

Sira Anamwong/Shutterstock

robuart/Shutterstock

______________ ______________ ______________

Newgate666/Shutterstock

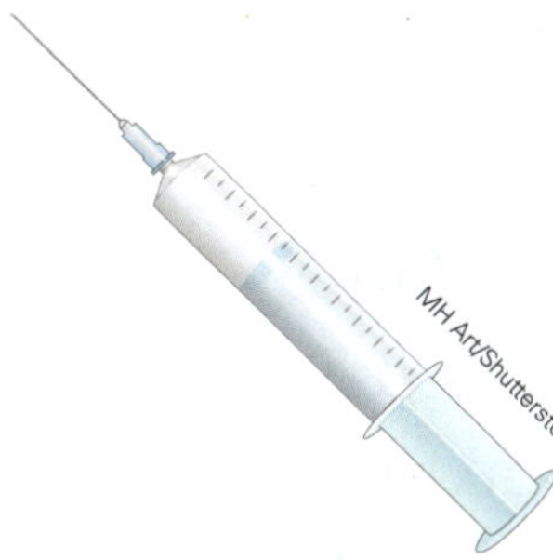

MH Art/Shutterstock

Aleksandrs Bondars/Shutterstock

______________ ______________ ______________

12 Agrupe, de acordo com o som da letra **s**, as palavras que você escreveu na atividade anterior.

sentido	rosa

UNIDADE 4

CAPÍTULO 1 — O NÚMERO DE SÍLABAS DAS PALAVRAS — TONICIDADE DAS SÍLABAS

Leia esta fábula:

O asno e o cãozinho

Um homem que tinha um **cão** de Malta e um asno passava o tempo brincando com o primeiro. Quando ia **jantar** fora, trazia um pedaço de carne e o dava ao **animal**, que vinha **balançando** o rabo. Um dia, tocado pela inveja, o asno foi ao encontro do dono e, querendo **pular igual** ao cão, terminou dando-lhe um coice. **Furioso**, o dono deu-lhe uma surra e ordenou que o amarrassem a um poste.

A cada **qual** sua maneira de **ser**.

Dneprstock/Shutterstock

(Esopo. *Fábulas*. Porto Alegre: L&PM, 1999. p. 63.)

1. Ao querer imitar o cão e ter os mesmos privilégios que ele, o asno se esqueceu de algo importante. Do quê?

___

___

___

___

2 Encaixe as palavras destacadas no texto no quadro a seguir, levando em conta se são monossílabos tônicos, oxítonas, paroxítonas ou proparoxítonas.

Monossílabos tônicos	Oxítonas	Paroxítonas	Proparoxítonas
cão			

Você conhece o personagem Ozzy, do quadrinista Angeli? Ozzy é um menino diferente. Descubra por que, lendo a tira a seguir.

(*Ozzy — As lesmas carnívoras e outros amigos esquisitos*. São Paulo: Companhia das Letras, 2006. v. 4, p. 29.)

3) Pelos bichos que Ozzy costuma criar, como você acha que ele é?

____

____

4) Indique o número de sílabas destas palavras do texto:

a) já: ______________________

b) eu: ______________________

c) estimação: ______________________

d) esqueceu: ______________________

e) piolhos: ______________________

f) selvagens: ______________________

g) mas: ______________________

5) Considerando a posição da sílaba tônica das palavras, identifique na tira e escreva:

- duas palavras oxítonas

____

- seis palavras paroxítonas

____

____

- uma palavra proparoxítona

____

- três monossílabos tônicos

____

CAPÍTULO 2 — PONTUAÇÃO — ACENTUAÇÃO DAS PALAVRAS OXÍTONAS E DOS MONOSSÍLABOS TÔNICOS

Leia esta anedota:

Coelho maluco

O coelho entra na lavanderia a seco e pede uma cenoura.

— Não vendemos cenouras — responde o dono. — Procure o quitandeiro mais adiante.

No dia seguinte, o coelho volta, pedindo:

— Tem cenouras?

— Isto é uma lavanderia a seco — diz o proprietário, irritado. — Vá à mercearia.

shockfactor.de/Shutterstock

No outro dia, o coelho volta.

— Tem cenouras? — pergunta.

— Já disse que não! — berra o dono. — Não vendemos cenouras. Se me perguntar de novo, vou pegar uma corda, amarrar você e entregá-lo ao açougueiro aqui ao lado!

No dia seguinte, o coelho volta, olha bem no olho do dono e pergunta:

— Tem cordas?

— Não... — diz o dono, intrigado.

— Bem, então — diz o coelho — tem cenouras?

(Donaldo Buchweitz (org.). *Piadas para você morrer de rir.* Belo Horizonte: Leitura, 2001. p. 67-68.)

1 Por que o título da anedota é "Coelho maluco"?

____

____

____

2) No texto, notamos a presença de três vozes: a do narrador, a do coelho e a do dono da lavanderia.

a) Pinte as falas do narrador.

b) Qual é a pergunta que o coelho sempre faz?

____

3) O humor das anedotas geralmente acontece com uma surpresa.

a) Qual é a surpresa que o coelho introduz na anedota?

____

____

____

b) Deduza: Com que finalidade o coelho pergunta se a lavanderia tinha cordas?

____

____

____

____

4) Para introduzir as falas dos personagens, o narrador emprega alguns verbos que indicam se o personagem está perguntando, respondendo, pedindo, etc. Identifique essas formas verbais.

____

____

____

____

5 Observe este trecho da anedota:

> No dia seguinte, o coelho volta, pedindo:
>
> — Tem cenouras?

a) Na fala do narrador, que sinal de pontuação é empregado após o verbo **pedir**?

____

b) E que sinal de pontuação marca o início da fala do coelho?

____

6 Neste outro trecho:

> — Já disse que não! — berra o dono.
>
> — Não vendemos cenouras.

a) Por que a expressão **berra o dono** ficou separada da frase "Já disse que não!" por um travessão?

____

____

____

b) Explique a relação entre o sinal de pontuação utilizado na fala do dono e a forma verbal **berra**.

____

____

____

Leia o poema:

Depois da hora de dormir

Toda noite é a mesma história:
eu tenho de ir pra cama
antes de todo mundo.

Será que não dá pra ver
que já não sou mais criança?

Vai ver me mandam dormir
Porque é à noite, na verdade,
que começa a diversão.

O que será que acontece
naquela hora?
[...]
Será que pelas portas e janelas
vão entrar mil anõezinhos
vestidos de palhaço?
E um cavaleiro enlatado
vai lutar contra um dragão?

Amanhã eu levanto da cama
e vou ver tudo isso.
Agora não.
Estou com muito sono...

(Pedro Bandeira. *Cavalgando o arco-íris.* São Paulo: Moderna, 2002. p. 40-41.)

Jean Galvão/Arquivo da editora

7 Na imaginação da criança, a diversão começa depois que ela vai dormir. Quais são os elementos que, na imaginação dela, fazem parte da diversão?

____

____

8 Explique: Por que o ponto de interrogação foi empregado tantas vezes no poema?

____

____

9 O texto a seguir é um trecho do livro *O fantástico mistério de Feiurinha*, de Pedro Bandeira. Leia-o e coloque a pontuação adequada: (—) (.), (?) ou (!).

Dona Chapeuzinho entrou com a cestinha pendurada no braço e com o capuz vermelho na cabeça. Dona Branca correu para abraçar a amiga

Querida Há quanto tempo Como vai a Vovozinha

Branca, querida

As duas deram-se três beijinhos, um numa face e dois na outra, porque o terceiro era para ver se Chapeuzinho desencalhava

Minha amiga Branca Por que você tem esses olhos tão grandes

Ora, deixe de besteira, Chapéu

(São Paulo: Moderna, 2009.)

Jean Galvão/Arquivo da editora

10 O diálogo mostrado no texto ocorre entre Chapeuzinho Vermelho e Branca de Neve. Pinte de rosa o travessão das falas de Chapeuzinho e de azul o travessão das falas de Branca de Neve.

____

____

____

Leia este texto:

PARECE MÁGICA!

Faça experimentos divertidos e descubra segredos de energia e de magnetismo.

VOCÊ VAI PRECISAR DE:

- 1 esponja de aço
- 1 folha de papel
- 1 ímã

Mensagem misteriosa

Jean Galvão/Arquivo da editora

1 Peça a ajuda de um adulto para cortar a esponja em pedaços com uma tesoura até formar um pó. Coloque no papel.

2 Passe o ímã por baixo do papel, e o pó de aço vai se mover. Forme uma figura ou letra e desafie um amigo a descobrir o que você está desenhando.

O que acontece?

O ímã atrai as partículas de metal. Como o pó é leve, ele acompanha o movimento do ímã, mesmo com o papel entre eles.

DESVENDE O SEGREDO

O ímã é um material especial que atrai objetos de metal. O poder de atração é chamado de energia magnética e varia de acordo com o tamanho do ímã: quanto maior, mais poderoso.

(Ângela Carneiro *et al.* *Almanaque Ática-Recreio*. São Paulo: Ática, 2011. p. 40.)

Jean Galvão/Arquivo da editora

11 Qual é o segredo que explica como você pode formar desenhos e letras sem usar o lápis ou a caneta?

12 Observe estas palavras do texto:

mágica papel ímã atração magnética
metal cortar pó descobrir está
você partículas é eles mensagem

Pretty Vectors/Shutterstock

Organize as palavras de acordo com o número de sílabas que elas têm:

Monossílabos	Dissílabos	Trissílabos	Polissílabos

13 Agora, organize o mesmo grupo de palavras de acordo com sua classificação, considerando a sílaba tônica:

Monossílabos tônicos	Oxítonas	Paroxítonas	Proparoxítonas

14 Os dois monossílabos tônicos da tabela devem ser acentuados. Por quê?

____

____

15 Apenas duas palavras oxítonas da tabela são acentuadas. Por quê?

____

____

16 No grupo das palavras proparoxítonas, todas as palavras estão acentuadas. Por quê?

____

____

17 Palavras como **pó**, **é**, **está**, **mágica** e **magnética** receberam acento agudo, mas a palavra **você** recebeu acento circunflexo. Por quê?

____

____

Leia esta tira, com o personagem Armandinho:

(Alexandre Beck. *Armandinho quatro*. Florianópolis: A. C. Beck, 2015. p. 66.)

18 Armandinho está com o pai em uma condução pública e ouve o pai comentando o significado da expressão **transporte público**.

a) O que você entende por **escolas públicas** e **hospitais públicos**?

____

____

____

b) O que é uma **empresa privada**?

____

____

c) Por que o pai de Armandinho estranha o uso do termo **transporte público** em referência à condução em que eles estão?

____

____

19 Observe, no 2º quadrinho, o emprego da expressão **o público**.

a) Qual é o sentido dessa expressão nesse contexto? Ela tem o mesmo sentido que a palavra **público** em "transporte público"? Explique.

b) Qual é o sentido da palavra **privados** em "somos privados de um transporte coletivo de qualidade!"?

20 Identifique na tira:

a) um exemplo de palavra oxítona

b) três exemplos de palavras paroxítonas

c) um exemplo de palavra proparoxítona

21 Na tira, predominam as palavras oxítonas, paroxítonas ou proparoxítonas?

22 Observe os monossílabos empregados na tira.

a) Quais são eles?

b) Entre os monossílabos, dois são acentuados. Quais são eles?

c) Por que esses dois monossílabos são acentuados?

O texto a seguir é a letra de uma canção. Dela, foram eliminados propositalmente os acentos de todas as palavras. Leia-a e, se possível, ouça-a. No YouTube, você pode ouvir a canção na voz de Paulo Tatit.

Vovo

Quando vejo o meu vovo
Que e pai do meu papai
Penso que um tempo atras
Ele era o que eu sou

Agora sou criança
E o vovo tambem ja foi
A vida e uma balança
Ontem, hoje e depois

Amanhã talvez quem sabe
Eu serei um outro avo
E o filho do meu filho
Sera o que hoje eu sou

Ontem, hoje e depois

Garder Elena/Shutterstock

(Paulo Tatit e Edith Derdyk. *Pé com pé*. Palavra Cantada, 2004.)

23 Complete o quadro com as palavras do texto acentuando-as corretamente.

Paroxítonas	Monossílabos tônicos

24 Compare estas palavras oxítonas:

AVÓ AVÔ CAFÉ DENDÊ

Observe que todas elas são acentuadas, mas duas recebem o acento agudo (´) e duas recebem o acento circunflexo (^).

a) Tente explicar: Quando é que se usa o acento agudo e o acento circunflexo nas palavras oxítonas?

b) Reescreva, acentuando corretamente estas outras palavras oxítonas:

- jacare ______________
- pure ______________
- jilo ______________
- atraves ______________
- bibelo ______________
- alo ______________

CAPÍTULO 3 — PRONOMES — ENCONTROS CONSONANTAIS

Leia esta fábula de Esopo:

O gato, o galo e o ratinho

Um ratinho vivia num buraco com sua mãe. Depois de sair sozinho pela primeira vez, contou a ela:

— Mãe, você não imagina os bichos estranhos que encontrei! Um era bonito e delicado, tinha um pelo muito macio e um rabo elegante, um rabo que se movia formando ondas. O outro era um monstro horrível. No alto da cabeça e debaixo do queixo ele tinha pedaços de carne crua, que balançavam quando ele andava. De repente os lados do corpo dele se sacudiram e ele deu um grito apavorante. Fiquei com tanto medo que fugi correndo, bem na hora que ia conversar um pouco com o simpático.

— Ah, meu filho! — respondeu a mãe. — Esse seu monstro era uma ave inofensiva; o outro era um gato feroz, que num segundo teria te devorado.

Moral: Jamais confie nas aparências.

(*Fábulas de Esopo*. São Paulo: Companhia das Letrinhas, 1994. p. 46.)

Milo Winter/Alamy/Fotoarena

1 O ratinho conta à mãe como eram os dois "animais estranhos" que conheceu.

a) Qual era o animal que ele chamou de "bonito e delicado"?

____

b) E qual era o animal que ele chamou de "monstro"?

____

c) O que era a carne crua que o "monstro" tinha no alto da cabeça e debaixo do queixo?

____

____

____

2 Neste trecho:

> "De repente os lados do corpo dele se sacudiram e ele deu um grito apavorante. Fiquei com tanto medo que fugi correndo, bem na hora que ia conversar um pouco com o simpático."

a) O que era o "grito apavorante" do "monstro"?

____

b) A quem o ratinho chama de animal "simpático"?

____

3 A moral da fábula — "Jamais confie nas aparências" — resume bem as ideias principais do texto? Por quê?

____

____

4 A fábula apresenta alguns marcadores de **tempo** e de **espaço**. Identifique no texto:

a) trechos que indicam o **tempo** ou a **passagem do tempo**.

___

___

b) um trecho que indica o **lugar** em que ocorre a ação.

___

5 Para introduzir a voz dos personagens, o narrador emprega verbos que indicam que eles estão falando. No texto, quais são esses verbos?

___

6 No texto, para introduzir a voz dos personagens, o narrador emprega:

- ( ) dois-pontos e travessões nos dois casos.
- ( ) dois-pontos em um dos casos e travessões nos dois casos.
- ( ) dois-pontos nos dois casos e travessão em um dos casos.
- ( ) apenas travessões, nos dois casos.

7 Observe este trecho da fábula:

> "— Ah, meu filho! — respondeu a mãe. — Esse seu monstro era uma ave inofensiva."

Por ele notamos que o travessão, além de introduzir a fala do personagem, também tem outra função. Qual é?

___

8 Identifique no texto um exemplo de:

a) palavra oxítona

____

____

b) palavra paroxítona

____

____

c) palavra proparoxítona

____

9 Na frase "Um ratinho vivia num buraco com **sua** mãe. Depois de sair sozinho pela primeira vez, contou a **ela**", o pronome possessivo estabelece uma relação entre dois substantivos. Quais são eles?

____

____

____

____

10 O pronome **ela** substitui uma palavra empregada anteriormente.

a) A quem o pronome se refere?

____

b) Como ficaria a frase se o pronome **ela** não tivesse sido empregado?

____

____

11 No trecho:

> "— Mãe, você não imagina os bichos estranhos que encontrei! **Um** era bonito e delicado [...] O **outro** era um monstro horrível."

As palavras **um** e **outro** retomam qual palavra expressa anteriormente?

____

____

12 Observe as palavras do texto e escreva aquelas que apresentam os seguintes encontros consonantais:

pr: ____

tr: ____

gr: ____

Leia este poema:

Espertezas

— Rodrigo, faz de conta
que sua bicicleta
é minha.
Eu dou uma voltinha
e você
fica brincando,
se esbaldando,
com meu patim.

— Vladimir, cara de pau,
deixa de ser malandrão.
Não sabe que tou sabendo
que teu patim tá enguiçado
desde o mês passado?

Jean Galvão/Arquivo da editora

(Elias José. *Um pouco de tudo — De bichos, de gente, de flores*. São Paulo: Paulus, 1982.)

13 Vladimir faz uma proposta a Rodrigo. Qual é a proposta?

___

___

___

14 Rodrigo aceitou a proposta? Por quê?

___

___

15 Identifique os pronomes empregados no poema.

a) Qual ou quais são pronomes pessoais?

___

b) Quais são pronomes possessivos?

___

c) Há pronomes demonstrativos?

___

16 Na frase "faz de conta que sua bicicleta é minha", dita por Vladimir:

a) A quem se refere a palavra **sua**?

___

___

b) A quem se refere a palavra **minha**?

___

___

Leia estes quadrinhos, de Ziraldo:

17. Foram propositalmente eliminados da tira sete pronomes: cinco pessoais, um possessivo e um demonstrativo. Tente descobrir quais são e escreva-os abaixo na ordem em que aparecem no texto. Se tiver dúvida, consulte os quadros de pronomes.

____

____

____

____

Leia o poema:

Pontinho de vista

Eu sou pequeno, me dizem,
e fico muito zangado.
Tenho de olhar todo mundo
com o queixo levantado.
Mas se formiga falasse,
e me visse lá do chão,
ia dizer com certeza:
"Minha nossa, que grandão!"

(Pedro Bandeira. *Por enquanto eu sou pequeno*. 2. ed. São Paulo: Moderna, 2002. p. 20.)

White Space Illustrations/Shutterstock

18 No poema, quem fala é um menino pequeno. Levante hipóteses:

a) Quem, provavelmente, acha que o menino é pequeno?

____

b) Como o menino reage a essa opinião?

____

c) Para quem ele olha com o queixo levantado?

____

____

19 O menino compara dois pontos de vista, ou seja, duas opiniões diferentes a respeito do tamanho dele. Quais são essas opiniões?

____

____

____

20 Por que o poema se chama "Pontinho de vista", em vez de "Ponto de vista"?

____

____

21 Divida em sílabas as seguintes palavras do poema. Depois, circule a sílaba tônica de cada palavra.

- pequeno ____________________________
- levantado ____________________________
- formiga ____________________________
- chão ____________________________
- minha ____________________________
- grandão ____________________________

22 Classifique as palavras da questão anterior quanto ao número de sílabas.

a) monossílabos ____________________________

b) dissílabos ____________________________

c) trissílabos ____________________________

d) polissílabos ____________________________

23 Em relação à tonicidade das palavras da questão 21:

a) Apenas uma é oxítona. Escreva-a:

____

b) Como se classificam as demais palavras?

____

____

____

24 A única palavra que recebeu acento no poema é **lá**. O que justifica seu acento?

____

____

____

25 No poema, há alguns pronomes pessoais. Identifique-os e escreva-os.

____

26 Em que pessoa estão esses pronomes? Por que estão nessa pessoa?

____

____

____

27 O último verso — "Minha nossa, que grandão!" — foi escrito entre aspas e com ponto de exclamação.

a) Qual é a razão do emprego das aspas?

____

____

Lorelyn Medina/Shutterstock

b) Que outro sinal de pontuação poderia cumprir a mesma função das aspas?

____

____

____

c) Por que foi empregado o ponto de exclamação no final do verso?

____

____

____

28 Há, no poema, duas palavras que apresentam um sufixo (uma partícula no final da palavra):

PONTINHO GRANDÃO

a) O que indica o sufixo **-inho**(**a**) no poema?

____

b) E o que indica o sufixo **-ão** no poema?

____

c) Forme outras palavras empregando o sufixo **-inho**(**a**):

casa: ____________ gato: ____________

carro: ____________ galo: ____________

d) Forme palavras empregando o sufixo **-ão**(**-ona**):

linda: ____________ gato: ____________

carro: ____________ peixe: ____________